Selena

Reconocida artista mexicano-americana

Grace Hansen

Abdo Kids Jumbo es una subdivisión de Abdo Kids
abdobooks.com

abdobooks.com

Published by Abdo Kids, a division of ABDO, P.O. Box 398166, Minneapolis, Minnesota 55439.
Copyright © 2021 by Abdo Consulting Group, Inc. International copyrights reserved in all countries.
No part of this book may be reproduced in any form without written permission from the publisher.
Abdo Kids Jumbo™ is a trademark and logo of Abdo Kids.

Printed in the United States of America, North Mankato, Minnesota.

102020

012021

 THIS BOOK CONTAINS
RECYCLED MATERIALS

Spanish Translator: Maria Puchol

Photo Credits: Alamy, AP Images, Getty Images, iStock, Shutterstock, ©Sosa, Bromley and Aguilar and
Associates Records, Archives Center, National Museum of American History, Smithsonian Institution, p.5

Production Contributors: Teddy Borth, Jennie Forsberg, Grace Hansen
Design Contributors: Dorothy Toth, Pakou Moua

Library of Congress Control Number: 2020930761

Publisher's Cataloging-in-Publication Data

Names: Hansen, Grace, author.

Title: Selena: reconocida artista mexicano-americana/ by Grace Hansen;

Other title: Selena: Celebrated Mexican-American Entertainer. Spanish

Description: Minneapolis, Minnesota: Abdo Kids, 2021. | Series: Biografías: personas que han hecho
historia | Includes online resources and index.

Identifiers: ISBN 9781098204419 (lib.bdg.) | ISBN 9781098205393 (ebook)

Subjects: LCSH: Selena, 1971-1995 (Selena Quintanilla Perez)--Juvenile literature. | Mexican American
women singers--Biography--Juvenile literature. | Fashion designers--Biography--Juvenile literature. |
Actresses--Biography--Juvenile literature. | Latinas--Biography--Juvenile literature. |
Spanish language materials--Juvenile literature.

Classification: DDC 782.42164--dc23

Contenido

Los primeros años

Selena Quintanilla nació el 16 de abril de 1971 en Lake Jackson, Texas.

Texas

El padre de Selena, Abraham, era músico y enseñó a sus hijos a tocar algunos instrumentos. Un día Selena empezó a cantar con esa música, tenía sólo 6 años. Su padre entonces se dio cuenta del gran **talento** que tenía.

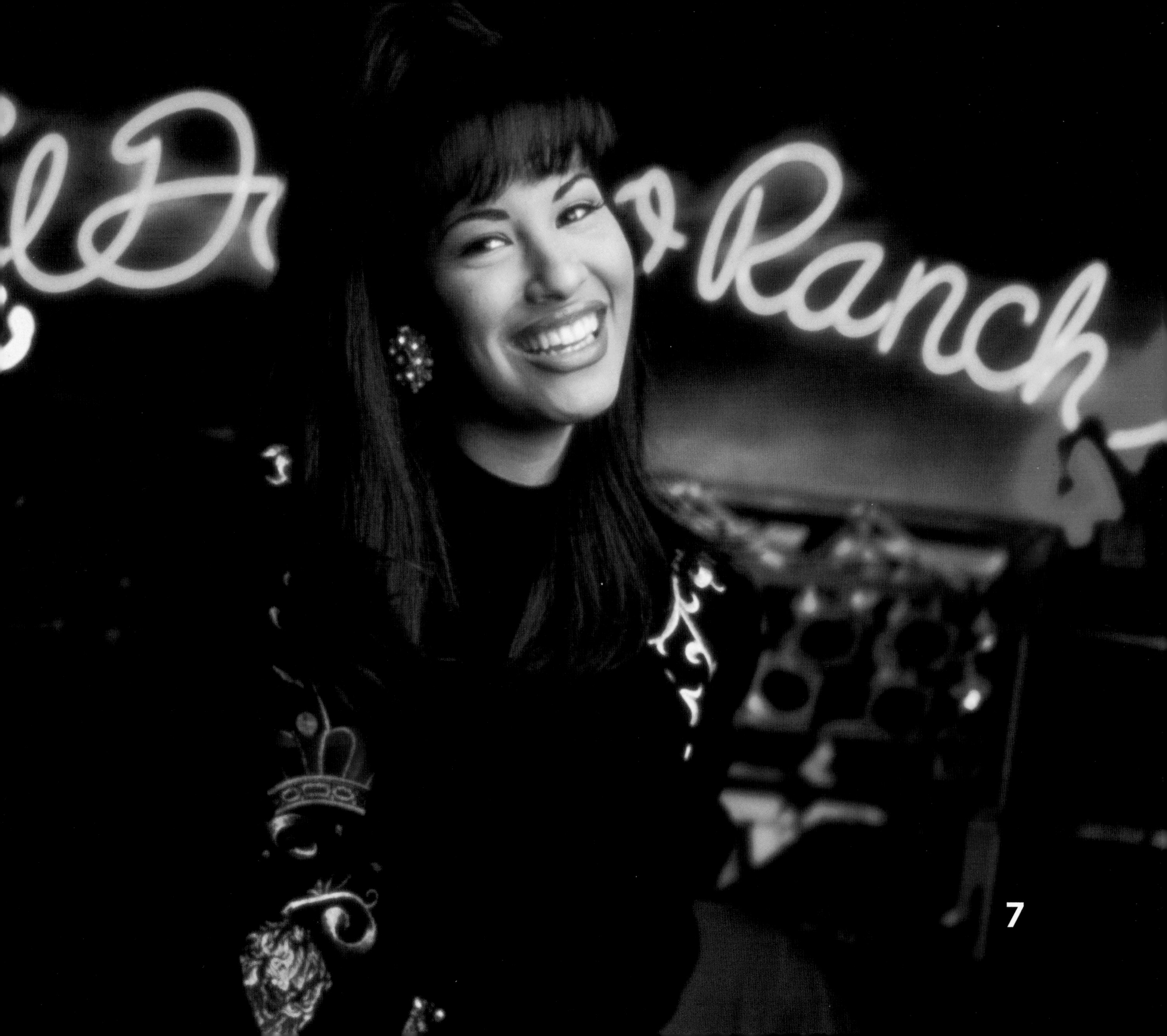
Ranch

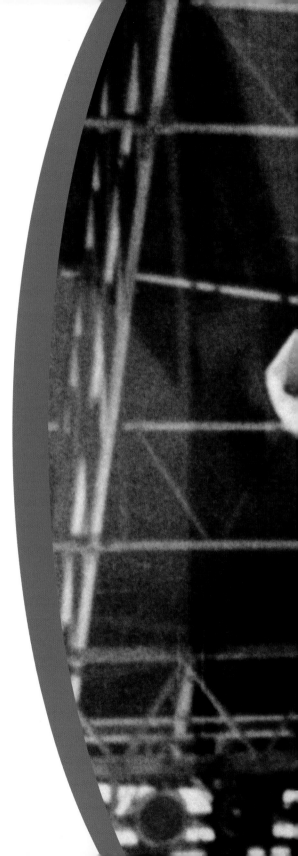

Selena y sus hermanos actuaban juntos. Selena era la cantante principal. Su hermano tocaba la guitarra y su hermana la batería. Se llamaban Selena y Los Dinos.

9

El grupo se hizo muy popular durante sus giras. En 1987 Selena ganó los *Tejano Music Awards* a la mejor vocalista femenina del año. Allí actuó años después durante una presentación de los premios. Un poco después, Selena firmó un contrato con *EMI Latin Records*.

Grabando discos y rompiendo récords

El 17 de octubre de 1989 Selena lanzó su primer álbum, *Selena*. Su segundo álbum, *Ven conmigo*, se lanzó menos de un año más tarde. ¡Se convirtió en **disco de oro**!

El tercer álbum de Selena, *Entre a mi mundo*, salió en mayo de 1992. La canción principal *Como la flor* fue un éxito entre sus seguidores. Incluso fue **nominado** para un premio.

En marzo de 1994 Selena lanzó su cuarto álbum, *Amor prohibido*. En febrero de 1995 más de 60,000 seguidores fueron a un concierto de Selena en Houston, Texas.

La fama de Selena estaba en su esplendor. A la comunidad latina le encantaba. También estaba atrayendo mucha atención hacia la música de **género tejano**.

19

Muerte y legado

Selena murió en marzo de 1995. Sus seguidores de todo el mundo se pusieron de luto. Su álbum *Dreaming of You* salió a la venta en el mes de julio. Vendió más de 1 millón de copias, demostrando que sus seguidores no se olvidarían de ella con facilidad.

Línea cronológica

Con la ayuda de su padre, Selena y sus hermanos forman el grupo Selena y Los Dinos.

Selena firma con *EMI Latin Records*. Su primer álbum *Selena* sale a la venta.

febrero
Selena actúa enfrente de más de 61,000 seguidores en el Houston Astrodome, un récord de asistencia.

abril
El gobernador George W. Bush declara el 16 de abril, el Día de Selena en Texas.

1981

1989

1995

1995

1971

1987

1993

1995

1995

16 de abril
Nace Selena Quintanilla.

Selena gana por primera vez como vocalista femenina en los *Tejano* Music Awards.

Selena lanza su álbum *Live!* que gana el *Grammy* al mejor álbum mexicano-americano.

marzo
Selena muere con sólo 23 años de edad.

julio
Su quinto y último álbum *Dreaming of you* sale a la venta.

Glosario

disco de oro - en Estados Unidos 500,000 copias vendidas de un álbum discográfico.

género - clasificación artística marcada por unas características.

nominado - preseleccionado para un premio.

talento - que tiene una habilidad o don natural para una actividad.

tejano - género popular de música que mezcla influencias mexicanas, europeas y estadounidenses.

Índice

Abdo Kids
ONLINE
FREE ONLINE MULTIMEDIA RESOURCES

¡Visita nuestra página
abdokids.com para tener
acceso a juegos, manualidades,
videos y mucho más!

Los recursos de internet están en inglés.

Usa este código Abdo Kids

HSK9029

¡o escanea este código QR!